Relojes

RELOJES

Ediciones y Distribuciones Mateos

Publicado por EDIMAT LIBROS, S.A.
C/ Primavera, 35
Polg. Ind. El Malvar
28500 Arganda del Rey - Madrid
España

ISBN 84-8403-486-0

Este libro es obra de
Quantum Books Ltd.
6 Blundell Street
London N7 9 BH

Director de Proyecto: Rebecca Kingsley
Editor del Proyecto: Judith Millidge
Diseño:Wayne Humphries
Editor: Clare Haworth-Maden
Traducción: Javier Alfonso López

QUMTOCS

Título original: Clocks

ÍNDICE

INTRODUCCIÓN

Durante miles de años, el concepto del paso del tiempo ha fascinado a todos los pueblos, y su medición se remonta hasta épocas prehistóricas. La construcción de Stonehenge comenzó alrededor del año 3000 a.C.; hacia el 1100 a.C., la tarea se abandonó sin haber llegado a completarse. El propósito de sus realizadores fue variando a lo largo de sus seis fases constructivas, pero durante todo aquel tiempo el círculo de piedra constituyó un preciso instrumento de medición del paso del tiempo.

Desde entonces, se han diseñado muchos e ingeniosos procedimientos cronométricos, y el reloj es la culminación de todos ellos. Los relojes no sólo son prácticos instrumentos mecánicos, sino que en muchas ocasiones estos magníficos objetos de arte han constituido el centro de atención de una habitación, y hasta de toda una casa.

Desde épocas remotas, los seres humanos, como el resto de los animales, han sido conscientes del paso del tiempo y han podido calcularlo de manera natural con gran precisión. Sin embargo, nuestra habilidad en este sentido ha ido decreciendo progresivamente con el desarrollo de la civilización. Según las culturas iban evolucionando, se hacía cada vez más necesario precisar el transcurso del tiempo para actos tan cotidianos como, por ejemplo, acudir a una cita. Es probable que el primer método de medición diaria fuera la simple anotación de la posición de una sombra proyectada, por ejemplo, por un árbol o una montaña. Este procedimiento, obviamente, contaba con ciertas limitaciones, y a medida que los humanos comenzaron a congregarse en comunidades, los relojes de sombra, como la Aguja de Cleopatra, se erigieron en el centro de las plazas públicas.

Página opuesta: Las pirámides sirvieron como método para determinar los equinoccios.

Izquierda: La Aguja de Cleopatra fue erigida en la Heliópolis alrededor del siglo XV a.C. por el faraón Thutmés III, y aunque la obra era una estructura de carácter simbólico y decorativo, servía también como gigantesco reloj de sol.

EL RELOJ DE SOMBRA DE MADERA

Es probable que el siguiente paso en esta evolución lo constituyera el reloj de sombra de madera, pequeño y portátil, que consistía en una

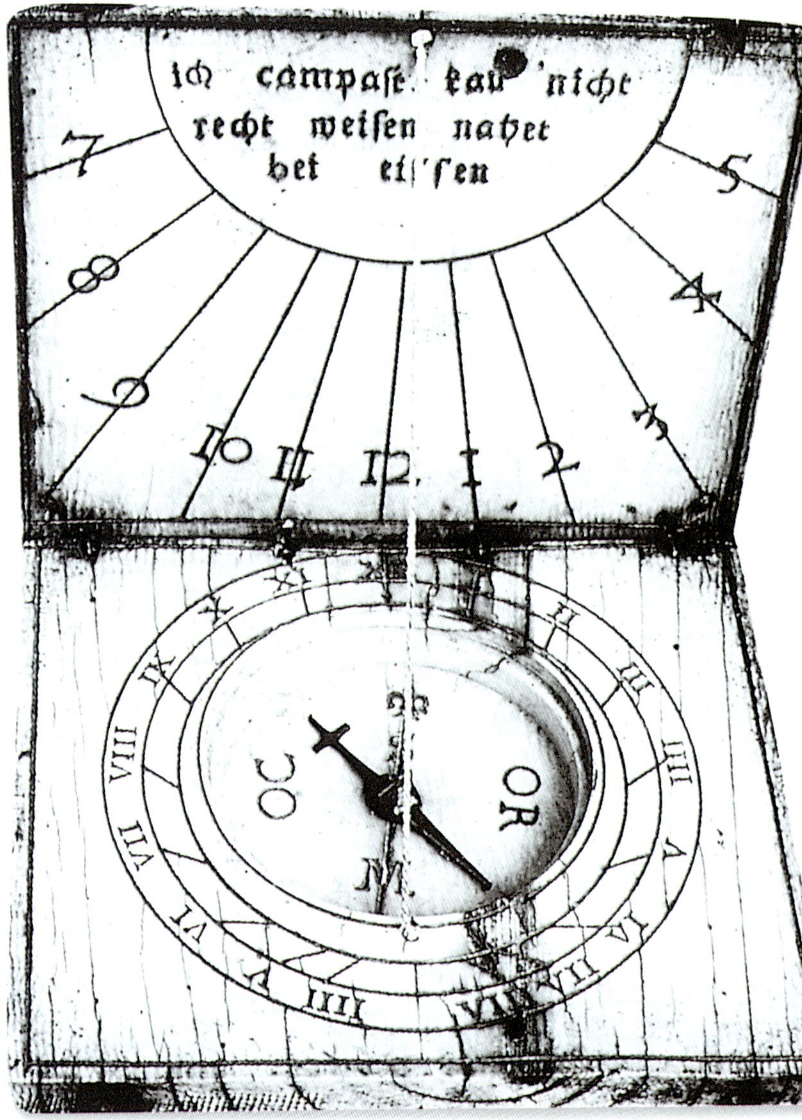

Arriba: El reloj de sombra portátil se orientaba hacia el Este por la mañana y al Oeste por la tarde. La barra perpendicular proyecta su sombra sobre la barra de la base, y de esta manera se mide el paso de las horas marcadas sobre esta última.

Derecha: Reloj de sol de bolsillo. Los relojes de sol tienen su origen probablemente en Egipto.

barra horizontal cruzada en uno de sus extremos por otra algo más elevada. Este reloj de sombra se colocaba orientado hacia el Este por la mañana y al Oeste por la tarde, siguiendo el curso del Sol, de tal manera que la pieza perpendicular proyectaba su sombra sobre la barra horizontal. El definitivo y más popular avance en la medición del tiempo, basándose en el desplazamiento relativo del astro rey, fue el reloj de sol. Todavía podemos contemplarlo en muchos jardines como elemento decorativo, y el mayor de todos no se encuentra, curiosamente, en el Viejo Mundo, sino en San Francisco, California, y fue construido en 1913. Su gnomon mide más de 8,5 metros de largo y 5,2 metros de alto.

Las zonas templadas

Estos métodos para determinar el tiempo eran muy útiles en lugares que gozaban de un clima soleado, como el Oriente Medio, una de las cunas de la civilización. Pero en zonas menos templadas del planeta no resultaban tan prácticos, y completamente inútiles durante la noche. Para poner solución a este inconveniente, se idearon otros métodos de medición temporal, como el reloj de arena, donde el tiempo se calcula por la cantidad de arena que, a través de un orificio, va pasando de un recipiente a otro. Este tipo de instrumentos todavía se utilizan hoy en día para medir pequeños intervalos –uno o dos minutos–, lo que se tarda en hacer un huevo pasado por agua o un huevo duro.

Las clepsidras, más conocidas como relojes de agua, se basan en un principio semejante. Durante el último milenio a.C. los chinos, egipcios y griegos desarrollaron la fabricación de clepsidras. También eran fre-

Debajo: Conjunto de cuatro relojes de arena, de 1720. Los tachones de la estructura indican lo que tarda en vaciarse cada uno de los relojes: un tachón equivale a un cuarto de hora.

cuentes los relojes de fuego. De éstos tal vez el más sencillo sea el formado por una simple vela cuya longitud aparece graduada con las marcas de las horas. En Gran Bretaña, el rey Alfredo (849-899), rey de los sajones del Oeste, era conocido por su reloj de vela. Otros ingenios de medición del tiempo se basaban en la disminución del aceite de una lámpara, o en la lenta consumición de la pólvora alojada en una acanaladura. Los japoneses emplearon un sistema semejante en sus relojes de incienso.

EL RELOJ MECÁNICO

El nacimiento del reloj mecánico, tal como hoy lo conocemos, fue posible gracias a la invención del mecanismo de escape. El primer reloj mecánico se realizó en China en el año 725 d.C. y fue obra de I Hsing y Liang Lingstan; sin embargo, en Occidente su desarrollo fue

Arriba: Reloj del castillo de Dover, alrededor del 1600; es uno de los relojes mas antiguos que todavía conservan su original rueda catalina con foliot del que penden las pesas de regulación. El volante oscila una vez cada ocho segundos, y el engranaje está diseñado de forma que la rueda grande dé la vuelta una vez cada hora.

mucho más tardío, y no se conocen los primeros relojes de este tipo hasta finales del siglo XIII o principios del XIV. El escape de paleta y foliot se basa en el principio del árbol vertical o eje sobre el que se monta una barra que oscila horizontalmente. Las palas que van unidas al árbol se encargan de detener y liberar alternativamente los dientes de una rueda llamada rueda de escape, con la que están engranadas otras ruedas y piñones cuya función es la de indicar la hora, generalmente por medio de las agujas a las que van unidas. El reloj del castillo de Dover es uno de los más antiguos de Europa que todavía conservan su escape de paleta y foliot. Este reloj, que data de 1600 aproximadamente, se encuentra hoy en día en el Museo de Ciencias de Londres; su volante oscila una vez cada ocho segundos, y su engranaje está diseñado de forma que la rueda grande rota una vez cada hora.

Muchos de los primeros relojes carecían de esfera o manecillas, y se limitaban a marcar las horas. Casi todos ellos estaban destinados al uso eclesiástico y tocaban las horas para llamar a la congregación a los servicios religiosos. El más antiguo que aún está en funcionamiento es el reloj sin esfera de la catedral de Salisbury en Wiltshire, que data de 1386 ó tal vez antes. Algunos afirman que el reloj de pesas de la catedral de Wells es aún anterior, quizá de 1335, pero lo cierto es que tan sólo la estructura de hierro que soporta el mecanismo es original.

RELOJES DOMÉSTICOS

Los relojes domésticos no empezaron a usarse en Inglaterra hasta el 1600 aproximadamente, pero aparecieron mucho antes en Europa, en concreto en el sur de Alemania, alrededor de Augsburgo y Nuremberg. Los ejemplares más antiguos son relojes de pared

Derecha: El antiguo reloj sin esfera de la catedral de Salisbury, Wiltshire.

Arriba: Reloj de mesa alemán, de finales del siglo XVII. Este tipo de relojes se fabricaron entre finales del siglo XVI hasta bien entrado el siglo XVIII. Eran de corta duración y de una considerable complejidad; a veces estaban dotados de un mecanismo de alarma y toques de cuartos.

con mecanismos de pesas, y casi siempre de corta duración; sin embargo, la invención del muelle de espiral hacia el año 1500 permitió la fabricación de una gran variedad de relojes de sobremesa, más fáciles de transportar que los de pesas y con frecuencia de gran complejidad. La introducción del muelle de espiral permitiría a la larga el nacimiento del reloj de pulsera.

Los primeros relojes de pulsera y de muelle de espiral con volante eran, sin embargo, bastante inexactos en su medición de las horas. Alrededor del 1670, se ingenió el muelle de cerda para controlar el movimiento del volante, lo que mejoró drásticamente la precisión de los relojes.

En la mayoría de los primeros relojes de torreta, el foliot tenía la función de controlar el tiempo gracias a unas pesas que se enrollaban o desenrollaban a la barra para hacerla ir más deprisa o más despacio. En los relojes domésticos posteriores, en concreto en los de linterna ingleses que empezaron a fabricarse hacia 1600, se prefirió el uso de una gran rueda de volante.

EL PÉNDULO

A mediados del siglo XVII, el descubrimiento del péndulo supuso un gran avance en la medición del tiempo. El artista Leonardo da Vinci (1452-1519) había descubierto, observando en una catedral el movimiento de oscilación de una lámpara, que el tiempo empleado en recorrer el arco era siempre el mismo, cualquiera que fuera su longitud. El físico y astrónomo Galileo (1564-1642) demostró posteriormente que la longitud del péndulo, no su amplitud (o sea, el desplazamiento máximo a partir de un valor cero durante un período de oscilación), es lo que determina la duración del desplazamiento. Sin embargo, correspondería al matemático suizo Christiaan Huygens (1629-1695), y a Salomon Coster, eminente relojero holandés, aplicar el principio del péndulo a la fabricación de un reloj. Esto ocurrió en 1657, y en muy poco tiempo la idea se extendió por toda Europa, especialmente en Inglaterra.

Los primeros relojes de péndulo empleaban el sistema de escape de paleta: cuando el péndulo se encuentra en uno de los extremos de su arco de oscilación, la parte anterior de las dos paletas está enganchada en la cara vertical de uno de los dientes de la rueda de escape. Es el diente lo que impulsa el péndulo. Al

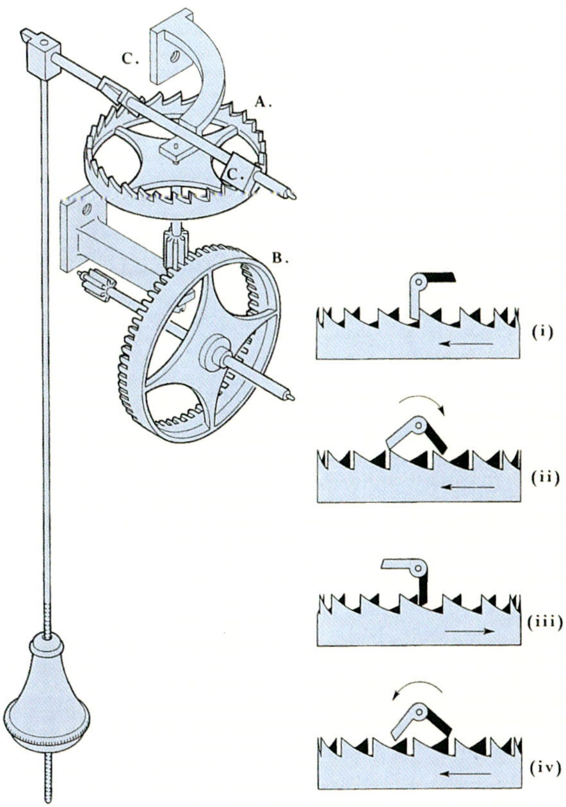

El escape de paleta

1. Cuando el péndulo se encuentra en el extremo derecho del arco de oscilación, la parte anterior de las dos paletas se encuentra enganchada en la cara vertical de uno de los dientes de la rueda de escape. El diente impulsa el péndulo a través de la paleta.
2. Cuando el péndulo oscila de derecha a izquierda, la paleta anterior queda liberada de la rueda de escape.
3. La paleta posterior se engancha ahora en un diente situado al otro lado de la rueda de escape. El impulso del péndulo hace que la rueda de escape retroceda hasta que el péndulo llega al extremo izquierdo del arco de oscilación.
4. Se repite nuevamente la misma secuencia, aunque ahora el péndulo oscila de izquierda a derecha.

oscilar el péndulo de derecha a izquierda, la paleta anterior queda liberada de la rueda de escape, y la paleta posterior queda enganchada en uno de los dientes al otro lado de ésta. El impulso del péndulo hace que la rueda de escape retroceda hasta que el péndulo llega al extremo izquierdo del arco de oscilación. La secuencia se repite cuando el péndulo vuelve a oscilar, ahora hacia el lado derecho.

LA CRONOMETRÍA DE PRECISIÓN

La búsqueda de la precisión en la medición del tiempo ha sido un tema dominante en la vida del hombre, al menos durante el último milenio. La introducción del péndulo en 1657 fue seguida por la del escape de áncora, más simple que el escape de paleta, que no precisaba de ruedas dentadas y las paletas no estaban directamente conectadas con el péndulo. Doce años después, el péndulo real, que marcaba los segundos, mejoró notablemente la precisión de los relojes, pasando de un error de 5 ó 10 minutos diarios a tan sólo 15 ó 20 segundos semanales.

La introducción del sistema de mantenimiento de energía permitió que el reloj no se detuviera mientras se le daba cuerda. El primer método se conoció como "pasador y postigo", que en la década de 1730 fue reemplazado por el de "trinquete de marcha", inventado por John Harrison.

Otro problema que se presentó a medida que los relojes ganaban en precisión fue el efecto de los cambios de temperatura. Según aumentaba ésta, la barra del péndulo aumentaba también de longitud, lo que retrasaba el funcionamiento del reloj. Para solucionar este inconveniente, se inventaron dos métodos de compensación del péndulo: el péndulo de compensación de mercurio y el de parrilla. Un péndulo de compensación de mercurio dispone de un depósito de cristal relleno de mercurio que actúa como péndulo. A medida que la varilla del péndulo se alarga, el mer-

Izquierda: La rueda de escape. El dibujo muestra secuenciados los pasos que llevan al péndulo a moverse de derecha a izquierda y cómo la parte anterior de las dos paletas queda enganchada en la cara vertical de la rueda de escape. El péndulo es impulsado por el diente, que se transmite a través de la paleta. En el movimiento inverso de oscilación, la paleta anterior queda liberada, y la posterior se engancha haciendo retroceder la rueda de escape.

curio tiende a subir, de modo que sus dimensiones siguen siendo las mismas a efectos prácticos. El péndulo de parrilla está formado por un conjunto de varillas de latón y hierro, unidas de tal modo que la dilatación de unas anula la de las otras.

Alrededor del 1900 el problema del péndulo quedó definitivamente solucionado con el empleo de un metal conocido como invar, con un coeficiente de dilatación casi inapreciable y el uso de termostatos y sistemas de calefacción eléctrica que mantenían los relojes de precisión a una temperatura constante. El siguiente paso en la búsqueda de la precisión cronométrica fue encerrar el mecanismo del reloj en un habitáculo cerrado, protegiéndolo así de los cambios de presión barométrica.

El problema final que había que solucionar en el reloj mecánico –antes de que su precisión se viera ampliamente superada por la de los relojes atómicos– era cómo impedir que el mecanismo afectara al isocronismo (movimiento regular del péndulo). La solución definitiva a este inconveniente tardaría 150 años en aparecer, y nació de la mente de Shortt, que diseñó un reloj con dos péndulos. Uno era el péndulo "amo", independiente de la maquinaria del reloj y que por tanto oscilaba libremente, y el segundo era el péndulo "esclavo", que funcionaba conectado a la maquinaria. El tema de la precisión en los relojes de péndulo es muy complejo y amplio. Tiene su origen en los relojes de un año de duración creados por Thomas Tompion (1639-1713) –instalados en el Real Observatorio de Greenwich en la década de 1670 para comprobar si el movimiento de rotación de la Tierra era o no constante– y llega hasta las piezas de precisión del siglo XX. El reloj de Olsen –instalado en el edificio del Ayuntamiento de Copenhague– se ha

Extremo derecha: Regulador de caja larga de ocho días de duración, Lecomber, Liverpool, hacia 1820. La puerta de cristal permite ver el péndulo compensado con mercurio. Un regulador de tal precisión era capaz de medir el tiempo con un error de tan sólo 1 ó 2 segundos semanales.

Derecha: Thomas Tompion (1639-1713), inventor del reloj de un año de duración.

considerado tradicionalmente como el más preciso, y también complicado, reloj mecánico del mundo. Está compuesto de 14.000 piezas, y fueron empleados más de diez años en su fabricación; su mecanismo funciona de más de 570.000 formas diferentes, y el movimiento del polo celeste, que tardará 25.743 años en completar el círculo, es el más lento del mundo, además del más preciso –con un error de 0,5 segundos cada 300 años.

La cronometría en el mar

A comienzos del siglo XVIII se comprendió que la precisión en la cronometría marina era de vital importancia para la navegación y la cartografía. Sin embargo, la tecnología que precisaba la fabricación de un reloj capaz de soportar los balanceos de una embarcación no se encontraba al alcance de ninguno de los relojeros de aquella época.

Con el fin de estimular la investigación, el Almirantazgo británico constituyó un "Consejo de Longitud" que ofreció un premio de 20.000 libras esterlinas –una suma más que considerable en aquella época– a quien pudiera diseñar un método para determinar la longitud en el mar. Esto, en la práctica, suponía la realización de un reloj marino de gran precisión, y fue la dedicación, la determinación y la genialidad de John Harrison (1693-1776), ayudado en los primeros años por su hermano, lo que solucionó, tras cuarenta años de investigaciones, el arduo problema. Harrison recibió la parte final de su premio cuando con-

Derecha: Cronómetro de dos días, Brockbanks & Atkins, N.º 1159, Londres, hacia 1890. Este cronómetro posee suspensión a la cardán en una caja de caoba de tres pisos reforzada con latón, típica de los cientos de miles de cronómetros fabricados entre 1820 y 1950, sobre todo en Inglaterra, y utilizados en los barcos de todo el mundo

taba casi 80 años de edad. Correspondió a otros hombres –como John Arnold y Thomas Earnshaw– llevar a la práctica el invento de Harrison. Ellos supieron simplificar la fabricación de estos relojes de modo que su producción en serie no les hiciera perder exactitud. El nombre que hoy en día reciben estos relojes de mar es el de cronómetros, y van alojados en cajas de madera de tres niveles, con suspensión de latón a la cardán. Así, aunque el barco cabecee, el cronómetro se mantiene siempre horizontal. Para saber la hora sólo hay que levantar la tapa superior, y así el cronómetro permanece en todo momento protegido por la segunda tapa, cubierta por un cristal.

Arriba: John Harrison (1693-1776), inventor del primer reloj náutico.

Izquierda: Cronómetro de dos días, Parkinson & Frodsham, Change Alley, Londres, N.º 3234, hacia 1850.

RELOJES DE CAJA LARGA Y DE MÉNSULA

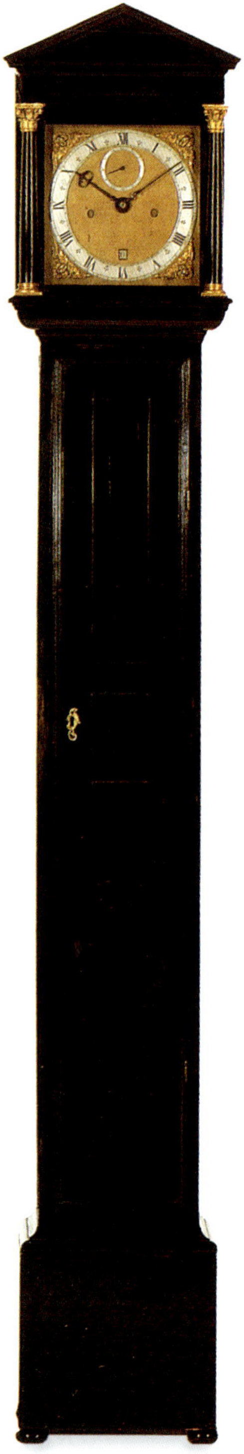

La invención del péndulo a mediados del siglo XVII dio lugar al reloj de caja larga. En principio, la caja estaba destinada a proteger y ocultar las relativamente antiestéticas pesas, poleas y cuerdas del interior. Los péndulos empleados con el escape de paletas eran cortos, alrededor de 23 centímetros de longitud, y tenían un arco de oscilación bastante amplio. Como el péndulo era corto, podía alojarse en el interior de una caja estrecha, generalmente de unos 1,9 metros de altura.

De acuerdo con la moral puritana de la época, la caja solía ser negra chapeada en ébano o de madera de frutal ennegrecida.

EL ESCAPE DE ÁNCORA Y EL PÉNDULO "REAL"

De haber sido mayor, el péndulo no se hubiera podido colocar dentro de la caja y, además, hubiera necesitado mucha más energía. Sin embargo, hacia el año 1670 se inventó el escape de áncora (invención tradicionalmente atribuida a William Clement). La diferencia fundamental entre el escape de áncora y el de paleta, que por aquella época era utilizado en todo el mundo, reside en que la rueda de escape está montada paralelamente al resto de las ruedas del reloj y por tanto no es necesaria ninguna otra rueda contraria. Requiere además un arco de oscilación mucho menor, lo que permite alojar un péndulo más largo en una caja más estrecha. Esto hizo posible lo que se conocería como péndulo "real", de aproximadamente un metro de longitud y una batida (el movimiento completo de lado a lado) de exactamente un segundo.

Extremo izquierda e izquierda: Reloj inglés de caja larga, probablemente realizado por Fromanteels, hacia 1670-1675; a la izquierda aparece un detalle de su mecanismo.

Página anterior: Reloj inglés lacado de caja larga; Henry Fish, Londres, hacia 1720.

Eran dos las principales ventajas que este nuevo avance presentaba: por un lado, la exactitud de los relojes mejoró considerablemente; por otra parte, podía verse en la esfera el cómputo de los segundos gracias a una manecilla independiente que estaba directamente conectada al árbol (eje) en el que se montaban las paletas.

EL MANTENIMIENTO DE LA ENERGÍA

Tras la invención del escape de áncora, realizada por William Clement en 1670, no se produjeron grandes avances en el diseño de los componentes mecánicos de los relojes de caja larga durante más de 250 años. Una innovación que se introdujo en la fabricación de estos relojes fue el sistema de "mantenimiento de la energía" –es decir, la posibilidad de mantener el reloj funcionando mientras se le daba cuerda–. Esto se logró mediante la colocación de un muelle auxiliar que permitía liberar el tren de ruedas durante la operación. El primer sistema se conoció como "pasador y postigo" en el que las bocallaves estaban cubiertas por unos postigos, y sólo podían quitarse tirando de una cuerda o bajando una palanca. Esta acción ponía en funcionamiento un pasador provisto de muelle, que actuaba sobre una de las ruedas del reloj manteniéndolo en funcionamiento.

Esta forma de mantenimiento de la energía dio grandes problemas, y dejó de utilizarse a principios del siglo XVIII, cuando John Harrison ideó en la década de 1720 un sistema de

Izquierda: Reloj de caja larga inglés realizado por Daniel Delander, Londres, alrededor del 1715. Es un ejemplo de una de las piezas de altísima calidad elaboradas durante la primera parte del siglo XVIII.

Derecha: Reloj de caja larga inglés, Edward East, Londres, hacia 1680.

Extremo derecha: Reloj de caja larga inglés fabricado por William Speakman, Londres, hacia 1685. Es un magnífico ejemplo de marquetería de nogal y madera de olivo.

Derecha: La esfera cuadrada de 25,4 cm es la mayor con enjutas de querubines, un delgado anillo segundero y una abertura para el disco central de alarma y la ventana de la fecha, justo encima del número VI.

mantenimiento energético más eficaz, conocido como "trinquete". En muchos relojes el antiguo mecanismo de "pasador y postigo" fue reemplazado por el "trinquete Harrison"; los ejemplares que podemos ver actualmente con el sistema original suelen ser reinstalaciones.

La esfera

Los primeros relojes de caja larga eran pequeños, por lo general no máyores de 190 cm de altura, pero a medida que avanzaba el siglo XVII las cajas largas se fueron haciendo más altas; hacia el año 1700 llegaron a medir 210 cm sin contar la moldura superior y 226 cm con la moldura. Las esferas, siempre cuadradas, crecieron al mismo tiempo que las cajas. Al principio, medían unos 25 cm; después se empezaron a fabricar de 28 cm y, finalmente, de 30,5 cm, tamaño que se convirtió en el más común durante el resto de vida de este tipo de relojes.

Alrededor de 1710-1715, tuvo lugar un cambio importante: se añadió un arco a la parte superior de la esfera cuadrada. Esta innovación proporcionó un espacio adicional sobre el que podía disponerse nueva información, como la placa con el nombre, el regulador sonería-mudo o el calendario. A pesar de que el noventa y cinco por ciento de los relojes fabricados en Londres después de esta fecha utilizaban el nuevo arco, la esfera cuadrada nunca pasó de moda completamente, especialmente en las zonas más rurales, donde continuó en uso hasta bien entrado el siglo XIX.

DIFERENTES MODELOS DE CAJAS

Cuando el ébano pasó de moda, la madera más popular para decorar con marquetería los relojes londinenses fue el nogal, a veces con muchos adornos y otras relativamente sobrio. Fuera de la capital, en las zonas rurales, siguió utilizándose el roble para las cajas de los relojes.

Al llegar la década de 1760, la influencia austera y el gusto puritano empezaron a declinar, y las negras cajas de ébano dieron paso a otras chapeadas con nogal u olivo, que no tardaron mucho tiempo en aparecer decoradas, primero con diseño geométrico que cubría la caja y después con marquetería, casi siempre con dibujos florales o de pájaros.

Al principio, la decoración de marquetería quedaba limitada a los paneles de la base y la puerta; sin embargo, gradualmente la decoración se fue extendiendo al cabezal y posteriormente al resto de la caja. Hacia finales del siglo XVII, los motivos florales fueron abandonados por arabescos compuestos de entrelazos, habitualmente realizados en madera oscura sobre un fondo más claro, a los que a menudo se añadían motivos figurativos, pájaros y mariposas. El desarrollo final de la marquetería, conocido como "algas", consistía en una tracería fina y delicada en cuya elaboración intervenían frecuentemente dos únicos tipos de madera.

Aunque la técnica de la marquetería se desarrolló a grandes rasgos de la forma arriba indicada, existió también una superposición de diferentes estilos. Así, no es raro encontrar motivos florales en fecha tan tardía como el

Arriba y derecha: Marquetería floral inglesa sobre un reloj de caja larga, 1695. La marquetería floral siguió muy de cerca los modelos geométricos de la taracea. Al principio, su uso estuvo confinado a los paneles del cuerpo y la base del reloj, pero rápidamente se extendió al cabezal y finalmente al resto de la superficie, y no sólo a los paneles.

año 1710, estilo que experimentó un tardío renacer durante las eras victoriana y eduardiana de finales del siglo XIX y principios del XX. Sin embargo, la marquetería pasó definitivamente de moda más o menos al tiempo en que aparecía el arco de la esfera.

"CHINERÍA" O TRABAJO EN LACA

Se entiende por tal la decoración de muebles u otros objetos realizada con yeso dorado extendido sobre un fondo lacado o esmaltado. Su uso en el Lejano Oriente se remonta al menos dos mil años atrás, pero en Europa sólo apareció cuando aumentaron los contactos comerciales con Oriente en el siglo XV. Esta técnica primero llegó a Verona y a Génova, después a Portugal y finalmente a los Países Bajos e Inglaterra. A comienzos del siglo XVII, se importaban pequeñas piezas realizadas con la técnica del lacado, tales como cajitas de té, pero posteriormente empezaron a ser comunes objetos de mayor tamaño que se enviaban a Oriente para ser lacados. Con todo, no eran frecuentes las importaciones de grandes muebles, y el número de los objetos enviados a Oriente era aún más reducido.

La decoración con laca aplicada a los muebles empezó a usarse en los Países Bajos hacia el año 1660 –algo más tarde en Inglaterra– y es probable que no se aplicara a las cajas de los relojes hasta después de 1690. Entre 1710 y 1730 se produjo una gran cantidad de relojes lacados, y en realidad nunca llegó a pasarse de moda este tipo de piezas. La decoración a base de laca conoció un momento de renovado interés en el tercer cuarto del siglo XVIII, gracias a la influencia de los grandes ebanistas como Chippendale. El color más común era el negro, pero también se usaban varios tipos de rojo, carey y verde. El color blanco casi nunca aparece en estos relojes.

Izquierda: Reloj inglés lacado de caja larga, obra de Henry Fish, Londres, hacia 1720.

CAOBA

La década de 1720 conoció el declive de la época de los muebles de nogal, como consecuencia de la comunión de dos factores: en primer lugar, la producción de madera de nogal había decrecido debido a la pérdida de gran número de estos árboles ocasionada por una enfermedad. En Francia, la situación se hizo tan seria que quedó prohibida la exportación del nogal. En segundo lugar, y debido al aumento del comercio de Gran Bretaña con las Indias Occidentales y América, se produjo un aumento de la importación de caoba procedente de Cuba y Honduras. Esta madera era ideal para la fabricación de muebles: al contrario que la madera de nogal, no estaba expuesta al ataque de gusanos; podía encontrarse en tableros grandes y anchos, y además podía conseguirse con un dibujo veteado natural que la hacía muy preciada entre los ebanistas.

Las primeras cajas de caoba para relojes, sin embargo, no solían estar muy decoradas, pero entre 1765 y 1785 empezaron a producirse gran número de cajas de gran calidad y altamente ornamentadas. A finales de siglo, ya sólo se fabricaba en Londres un pequeño número de relojes de caja larga, y los que se fabricaban durante el período de la Regencia solían presentar esferas circulares, bien pintadas o bien de latón plateado.

LOS RELOJES DE CAJA DE PROVINCIAS

Mientras que los relojes realizados en Londres tendían a presentar un diseño estandarizado, los fabricados fuera de la capital mostraban un carácter mucho más individual, a menudo con características locales perfectamente definidas. Por ejemplo, en el oeste de Inglaterra, como corresponde a una zona eminentemente marinera, los relojes solían estar dotados de un disco lunar giratorio en el arco, con barcos y algunas veces con indicaciones de las horas de marea en algún puerto determinado. A veces, la puerta del cabezal estaba decorada interiormente con un borde ondula-

do, o aparecían columnas decorativas con la forma de maromas enrolladas.

Cuando la ciudad donde se fabricaba el reloj estaba cerca de Londres, la influencia de la capital se hacía evidente en sus motivos. En las zonas más alejadas evolucionaron otros elementos decorativos completamente distintos; por ejemplo, el frontón de cuello de cisne. Este motivo, muy popular en los relojes de provincias, es totalmente ajeno al estilo de las piezas realizadas en Londres.

RELOJES DE TREINTA HORAS

El término "treinta horas" significa que el reloj funcionará durante algo más de un día, de modo que si se tarda más de veinticuatro horas en volver a darle cuerda, el reloj no se detendrá. De éstos, muy pocos se realizaron en Londres, pero su pequeño tamaño los hizo enormemente populares en las zonas rurales (solían medir menos de 2 m de alto, de modo que se adaptaban perfectamente a los techos bajos de estos hogares); además, eran relativamente más baratos.

Hasta aproximadamente el año 1770, los relojes de treinta horas tenían cajas de roble macizo y esferas de latón cuadradas, generalmente de 25,4 cm, pero en los modelos posteriores éstas pasaron a ser de 28 y 30,5 cm. Los primeros relojes tenían sólo una manecilla –en ellos no aparecían indicados los minutos– y todos ellos funcionaban con una única pesa que había que enrollar diariamente tirando de una cuerda o una cadena. La ventaja de este sistema consistía en que poseían mecanismos de mantenimiento de la energía, es decir, el reloj seguía funcionando mientras se

Izquierda: Reloj de caja larga inglés rematado con una pagoda; John Monkhouse, Londres, hacia 1770.

Derecha: Reloj de caja larga inglés de treinta horas; George Donisthorpe, Birmingham, alrededor de 1780.

le daba cuerda, y no eran precisas las bocallaves de la esfera.

A finales del siglo XVIII, las cajas de caoba se empezaron a usar con más frecuencia, a menudo combinadas con una esfera pintada. Pero en esta fecha, los relojes de treinta horas ya habían empezado a entrar en desuso y estaban siendo sustituidos por los de ocho días.

RELOJES DE CAJA LARGA DE ESFERA BLANCA O PINTADA

En Londres se fabricaron muy pocos relojes de esfera pintada, pero a partir de 1780 el estilo se volvió extraordinariamente popular en el resto del país, y a finales de siglo se vendían muchos más que los de esfera metálica, en una proporción que tal vez fuera de diez a uno.

La primera mención escrita que se conoce sobre un reloj de esfera pintada fue descubierta por Brian Loomes y apareció en el *Birmingham Gazette* en 1772. En ella se lee:

> *"Osborne y Wilson, fabricantes de relojes de esfera blanca que imita esmalte con una técnica totalmente nueva, han abierto un almacén en el número 3 de Colmore Row, Birmingham. Allí pueden disponer de un variado surtido de la mencionada mercancía. Aquellos que tengan a bien hacer pedidos pueden estar seguros de que serán atendidos con la mayor puntalidad y rapidez."*

Los primeros relojes de esfera blanca no presentaban otra decoración que los dígitos y la firma, o, en todo caso, unas enjutas en relieve dorado adornando las cuatro esquinas. Sin embargo, pronto se volvieron más coloridos y empezaron a presentar motivos florales, tales como rosas y peonías en las esquinas y en el arco si es que éste no estaba ocupado por el disco lunar. Si había disco y el reloj había sido fabricado cerca de la costa, sobre todo en el oeste de Inglaterra, entonces eran comunes los dibujos en forma de barco. Tierra adentro, los temas elegidos solían ser edificios, aunque otro motivo muy popular era el de las cuatro estaciones, representadas por flores, cosechas o jóvenes ataviadas con los trajes propios de cada época del año y realizando determinadas actividades.

A medida que avanzaba el siglo XIX, aumentó la decoración de la esfera. Las esquinas empezaron a poblarse y en el arco aparecían escenas con figuras humanas. En realidad, a finales de la década de 1850, poco antes del abandono del reloj de caja larga, la esfera de los relojes aparecía literalmente cubierta de decoración, estilo típico del *horror vacuii* victoriano.

Izquierda y debajo: Reloj de caja larga inglés con esfera pintada en blanco, John Chapman, Loughborough, alrededor de 1790.

RELOJES COMPLEJOS
Entre 1720 y 1780 se fabricó un gran número de relojes complejos. Algunos de ellos tenían toque de cuartos, a menudo con ocho campanas, mientras que otros tocaban una melodía una vez cada hora, o cada tres horas (y hasta a voluntad). Otros proporcionaban compleja información astrológica.

Pero una de las complejidades más interesantes añadidas al diseño del reloj era la de alargar su duración a más de una semana. Habitualmente, los mecanismos se diseñaban para durar un mes, y entre 1670 y 1710 ésta fue la duración más habitual. Sin embargo, también podían fabricarse relojes con duración de seis y hasta doce meses.

RELOJES DE CAJA FRANCESES
En Francia no se fabricó prácticamente ningún reloj de caja –en el sentido inglés del tér-

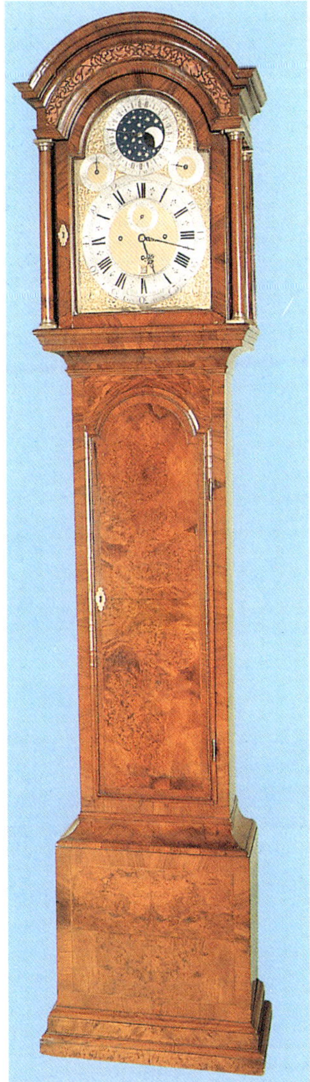

Arriba e izquierda: Reloj de caja larga inglés con campana de cuartos, esfera de mareas y calendario anual, realizado por Charles Clay, Londres, hacia 1725. Se trata de una pieza de extraordinaria calidad, obra de un artista famoso por sus relojes musicales, sobre todo los de órganos.

Arriba: Reloj astronómico de caja larga inglés, obra de Edward Cockey, Warminster, hacia 1710. Magnífico ejemplo de reloj provincial. La exquisita calidad de ejecución de los primeros relojeros impuso un estilo casi nunca igualado en todo el siglo XVIII.

mino–, aunque sí se crearon algunos relojes que imitaban a los modelos ingleses. En el siglo XVIII, por ejemplo, los franceses solían colocar sus relojes sobre unas pilastras decorativas a juego, las cuales, en efecto, les proporcionaban la anchura y altura propias de un reloj de caja larga. Desde 1760, los franceses empezaron a alojar sus reguladores en cajas de una sola pieza y de una excelente calidad, las cuales fueron liberándose completamente de decoración entre 1780 y 1810.

En en siglo XIX, se fabricaron en las zonas rurales francesas lo que podría denominarse cajas largas para albergar los "relojes Comtoise", así llamados por su lugar de origen, el Franco Condado. Solían llevar esferas de latón prensado decoradas a menudo con el centro esmaltado y provistos de péndulos muy largos y decorativos. Con frecuencia, las cajas se realizaban con maderas autóctonas, como el cerezo, el manzano o el pino. Una característica de estos relojes es que tocaban cada hora y después repetían el toque a los dos minutos.

EL RELOJ DE CAJA ALTA NORTEAMERICANO

Los primeros relojes aparecidos en el Nuevo Mundo fueron, indudablemente, aquellos traídos por los primeros colonos, y es muy probable que se tratara de piezas de pequeño tamaño, como los de tipo de repisa, y no de caja larga, que habrían sido más difícles de transportar y, por supuesto, mucho más caros. Pero entre los primeros pobladores había un buen número de herreros y relojeros, y uno de los primeros artesanos de los que tenemos noticia, Abel Cottey (muerto en 1717), emigró desde Crediton, en Devon, en 1682 con rumbo a Filadelfia, donde sabemos que realizó relojes de caja larga –o caja alta, como suelen llamarse en los Estados Unidos.

Izquierda: Reloj de caja alta realizado por Isaac Brokaw, Bridge Town, Nueva Jersey, hacia 1810. La caja de este reloj está hecha de caoba y chapada también de la misma madera, tradicional entre los ebanistas del este de Nueva Jersey.

A principios del siglo XVIII, el arte de la relojería estaba perfectamente arraigado en Nueva York, Nueva Inglaterra, Virginia y Pensilvania, donde se trabajaba de manera parecida a como se hacía en Inglaterra por aquella misma época. Según avanzaba el siglo, la relojería fue extendiéndose a otras zonas, y algunos lugares, como Connecticut, se convirtieron en importantes centros relojeros.

Los métodos básicos de fabricación en América eran esencialmente los mismos que se empleaban en Inglaterra, aunque a menudo adaptados a las necesidades locales. A veces escaseaba algún material: el latón, por ejemplo, era bastante escaso y para solucionar este problema se utilizaba en forma de tiras o era sustituido por algún otro material, como la madera. De igual forma, la madera local, como el cerezo, era la empleada para realizar las cajas.

Aunque se importaron algunos relojes de caja larga completos, en la mayor parte de los casos lo normal era importar sólo la maquinaria, completa y sin las esferas, y fabricar las cajas en la propia localidad. También se importaban gran cantidad de piezas, a veces toda la maquinaria y las esferas, otras veces ruedas, piñones, platos, manecillas o lentejas de péndulo.

Antes de estallar la Guerra de Independencia, se fabricaba un pequeño pero creciente número de relojes de caja alta. A comienzos del siglo XIX, empezaron a aparecer los primeros relojes pequeños producidos en serie. En 1802 los Willard de Massachusetts diseñaron una maquinaria y una caja propias, con escape de áncora y péndulo montado en la parte delantera, modelo conocido como "reloj de banjo" por su forma peculiar, y que todavía hoy en día se sigue fabricando.

Gideon Roberts en Bristol, Connecticut, fabricaba relojes de pared con mecanismo de madera. Y fue Eli Terry, también de Connecticut, el que realizó los primeros relojes pro-

ducidos en serie: un pedido de 4.000 relojes de treinta horas con el mecanismo de madera, esferas, manecillas, péndulos y pesas, encargado por Levi y Edward Porter, de Waterbury. Este pedido, que se completó en 1810, fue conocido desde entonces como el "contrato Porter", y si pudo llevarse a cabo fue gracias a la posibilidad de intercambiar todos sus componentes, algo que hasta entonces no se había intentado nunca. Este hecho marcó el comienzo de la producción en serie propiamente dicha. El contrato de Eli Terry dio lugar a que otros doscientos fabricantes del oeste de Connecticut, que elaboraban cientos de miles de relojes cada año, empezaran a usar mecanismos de madera similares a los diseñados por Terry. Esto continuaría hasta la década de 1830, cuando la madera fue reemplazada por el latón laminado, muy fácil de conseguir.

EL RELOJ DE CAJA LARGA HOLANDÉS

Como en Inglaterra, la producción de relojes de caja larga en los Países Bajos comenzó poco después de la invención del péndulo, y los primeros relojes holandeses solían tener una caja hecha de madera de nogal, de proporciones sencillas y elegantes, que descansaba sobre pies redondeados. Con un máximo de 213 cm de altura, estos relojes poseían unas columnas en forma de espiral situadas en el cabezal, y todo el conjunto se remataba con una decoración tallada, casi siempre muy elaborada. Las esferas cuadradas solían estar hechas de una placa de hierro forrada de terciopelo sobre la que se disponía el anillo en relieve con los números y las enjutas. Para contrastar con el terciopelo negro, se empleaban manecillas ornamentales de latón dorado.

Izquierda: Reloj de caja alta americano realizado por Aaron Willard, Boston, hacia 1800.

Derecha: Reloj de caja alta americano, obra de Isaac Brokaw, Bridge Town, Nueva Jersey, hacia 1810.

A finales del siglo XVIII, la esfera con arco también había sido adoptada en los Países Bajos, con frecuencia dotada de fases lunares, y los relojes se habían hecho más altos, y solían disponerse sobre una base curva.

La sonería holandesa, en la que el reloj toca las horas completas tanto a la media (con una campana aguda) como a la hora en punto (con una campana más grave), era característica de estos relojes de caja larga, a los que con frecuencia se incorporaba un mecanismo de alarma. Se fabricaron muchos relojes musicales, que solían ser altos y bastante complejos (por ejemplo, tenían grandes aberturas en el centro de la esfera para mostrar los días de la semana, los meses y el año, a veces representados con dibujos o grabados de dioses o signos del Zodíaco). Un rasgo característico de muchos de los modelos más elaborados –que podían medir hasta 335 cm de altura– eran las figuras que remataban la parte superior del conjunto (una de las más populares era Atlas sosteniendo sobre sus hombros el peso del mundo).

En contraste con Inglaterra, donde la popularidad y producción de los relojes de caja larga aumentó rápidamente a medida que avanzaba el siglo XVIII, en las Países Bajos los relojes de pared fueron mucho más demandados y la fabricación de relojes de caja larga disminuyó progresivamente durante el mismo período.

LOS RELOJES DE MÉNSULA (O "BRACKET")

El término "reloj bracket" (literalmente, reloj de ménsula), aunque muy utilizado, es bastante confuso, ya que en la mayoría de los casos tales relojes no descansaban realmente sobre ménsulas, sino que probablemente estaban pensados para ser colocados sobre una mesa, aparador o chimenea. Un nombre alternativo, y muy utilizado durante el siglo XVII, fue el de "reloj de muelle", pero incluso ese término resulta impreciso, ya que puede aplicarse a muchos relojes de pared que funcionan con tal mecanismo.

Los relojes de ménsula, como los de caja larga, empezaron a fabricarse poco después de la invención del péndulo. Sin embargo, mientras que estos últimos adoptaron pronto el sistema de escape de áncora inventado en 1675, con su péndulo largo que marcaba los segundos, el reloj de ménsula no pudo favorecerse de tal innovación (en realidad supuso para él una verdadera desventaja, ya que el escape tenía que ser mucho más preciso y resultaba muy difícil

Izquierda y arriba: Reloj de caja larga holandés; obra de Jan Van Der Swelling, Leiden, hacia 1770. Se trata de un reloj de caja larga que solía fabricarse con frecuencia en Amsterdam durante el siglo XVIII.

de montar). Además, si el reloj de caja larga no tenía que ser portátil, ésta era una característica esencial en el de bracket. Los relojes con escape de paleta podían soportar mejor una nivelación deficiente, que se traducía en una pérdida de ritmo. Fue hacia 1800 cuando el escape de paleta quedó definitivamente sustituido por el de áncora en los relojes de ménsula.

Como ocurriera con los de caja larga, el estilo de los primeros relojes de ménsula era muy arquitectónico y ebanizado. Hacia la década de 1670, algunos modelos empezaron a hacer uso del chapeado en madera de olivo o nogal, aunque el ébano continuó predominando; además, a causa de su pequeño tamaño, los relojes de ménsula apenas conocieron la decoración de marquetería, aunque sí el lacado.

Entre los años 1675 y 1680, el estilo arquitectónico fue dando paso a otro en que la parte superior del reloj adoptaba la forma de una pequeña caja, a veces decorada con molduras de latón dorado o sin decoración alguna. Hacia 1685, se empezó a utilizar un estilo de cestería de latón dorado para decorar la parte superior. Con frecuencia, esta decoración estaba moldeada, pero a veces también se realizaba mediante la técnica del repujado. Los primeros de estos relojes eran relativamente pequeños y simples, pero se fueron haciendo más grandes progresivamente, al tiempo que se cargaban de decoración –así, hacia 1710 podemos ver cómo se usa el doble remate de cestería en la parte superior–. La mayoría de estos relojes continuaron siendo de ébano chapado, y tan sólo unos cuantos modelos mostraban un acabado en nogal, olivo u otros tipos de madera semejantes.

Hacia 1715, se puso de moda la esfera de arco, muy sencilla en su primera fase. Con el tiempo, el remate en forma de cajita dio paso a otro semejante a una campana invertida, estilo que perduró hasta mediados del siglo XVIII. De nuevo, la inmensa mayoría de estos relojes eran negros, aunque a veces aparecían modelos con marquetería de frutales en lugar de la ya tradicional madera de ébano. En la década de 1760 la campana invertida empezó a sustituirse por la forma de campana, y también se conocieron algunos cambios en el diseño de la caja. Fue entonces cuando la madera de caoba se convirtió en la preferida para la elaboración de las cajas de los relojes de ménsula.

Hasta ese momento, se había utilizado siempre la esfera de latón que incorporaba un anillo en relieve con la numeración y enjutas, pero a partir de 1770, empezaron a ser comunes las esferas de latón plateado cubiertas de decoración grabada. También empezó a usarse la esfera pintada o blanca, aunque solía carecer de decoración en las esquinas. Esto se debía sobre todo al hecho de que la mayoría de los relojes de ménsula fabricados por entonces se realizaban en Londres, donde se consideraba que tal tipo de decoración era más propia de las zonas rurales.

Izquierda: Reloj de muelle realizado por John Drew, Londres, finales del siglo XVII. Los laterales provistos de cristal y la puerta de la parte trasera muestran el mecanismo de doble caracol con su placa posterior grabada.

Debajo: Reloj de sobremesa, Robert Seignior, Londres, hacia 1765. Los primeros relojes con mecanismo de muelle eran de estilo arquitectónico y generalmente chapeados en ébano o, a veces, nogal u olivo, y guardaban cierto parecido con los relojes de caja larga.

En la década de 1800, las esferas pintadas, y ocasionalmente de latón plateado, se utilizaban en prácticamente todos los relojes de ménsula. En los primeros modelos, anteriores a 1800, aparecía la forma de arco, pero al poco tiempo adoptaron la tradicional forma circular.

Durante el período de la Regencia, se crearon varios tipos nuevos de cajas, que continuaron evolucionando hasta mediados de

Izquierda y arriba: Reloj de muelle, Robert Halsted, Londres. Halsted fue aprendiz en 1662 y adquirió el rango de "Hombre Libre" de la Compañía de Relojeros en el año 1668, convirtiéndose en maestro de la misma en 1699. El mecanismo de doble tren de esta pieza posee escape de paleta, repetición de cuartos con triple campana, placa posterior grabada, tapa posterior con seguro y trinquetes exteriores. La caja chapada de ébano posee un remate superior con trabajo de repujado y querubines.

siglo, y que en ocasiones incorporaban incrustaciones de latón. Durante las eras victoriana y eduardiana, los relojes tendieron a ser mayores y también más elaborados en su decoración, algunas veces con motivos grabados. Inicialmente, predominaron las esferas blancas, pero a partir de 1870 se hicieron muy populares las reproducciones de relojes georgianos, que copiaban el estilo de sus predecesores, en ocasiones más pequeños, aunque lo normal es que fueran mucho más grandes. Estos últimos

Arriba: Reloj de ménsula, William Webster, Londres, hacia 1775.

Derecha: Reloj de ménsula, Andrew Dickie, Edimburgo, entre 1736 y 1752.

permitían alojar las campanas con toque de cuartos, tan de moda después de que se hubiera completado la construcción del gran reloj de Westminster, conocido como "Big Ben".

A medida que avanzaba el siglo, se fue completando el mecanismo de sonería al añadir una serie de mazos o gongs en espiral: cuatro para Westminster; ocho para otros, como la melodía de St. Michael. Los gongs o mazos también se utilizaron cada vez más para los toques de horas: los más novedosos eran los relojes que tocaban una o dos melodías diferentes con nueve o diez campanas, y que también podían reproducir la medolía de Westminster con ocho gongs y otro gong para las horas.

A principios del siglo XX, la producción de este tipo de relojes, la mayoría de ménsula, había desaparecido casi completamente en el Reino Unido. Fueron sustituidos por copias francesas y alemanas, más baratas y de menor tamaño, de los antiguos relojes de ménsula ingleses, así como por los decorativos relojes de sobremesa franceses.

Arriba e izquierda: Reloj musical, Adam Travers, Liverpool, hacia 1790. El detalle muestra el mecanismo musical con doce melodías.

RELOJES DE PARED Y DE SOBREMESA

En Inglaterra, el reloj de caja larga dominó la producción relojera desde la invención del péndulo en 1657. Sin embargo, el primer reloj de pared fue el llamado de "linterna" o "jaula", que primero apareció en Europa, en concreto en el sur de Alemania y norte de Italia hacia el año 1500, y que no empezó a producirse en Inglaterra hasta un siglo después.

Página anterior: Reloj de taberna o de Ley del Parlamento, obra de William Nash, Bridge, hacia 1780.

Arriba y arriba a la izquierda: Reloj de linterna con paleta, realizado por Thomas Palmer, Shefford, finales del siglo XVII. Este reloj de linterna posee un pequeño péndulo con lenteja y escape de paleta.

LOS RELOJES DE LINTERNA

Los relojes de linterna se colgaban a veces de la pared por medio de unas anillas colocadas en la parte superior del mecanismo que se introducían en un gancho. Al mismo tiempo, se empleaban unas espigas que sobresalían de los pies traseros e iban introducidas en la pared con el fin de mantener el reloj en posición vertical y evitar que se moviera al darle cuerda. De ahí deriva el nombre "aros y puntas", aunque a veces se fijaba a la pared una ménsula, a menudo hecha de roble, sobre la que descansaba el reloj. Los primeros relojes de linterna fabricados en Alemania empleaban el sistema de escape de paleta con foliot que gradualmente dio paso al volante circular empleado en prácticamente todos los primeros relojes de linterna ingleses.

Con el descubrimiento del péndulo en 1657, el volante quedó obsoleto, y la mayoría de los relojes que utilizaban este sistema fueron modificados para poder adoptar este nuevo mecanismo que proporcionaba una mayor precisión.

Unos doce años después, se inventó el escape de áncora, a menudo combinado con un péndulo segundero de un metro. Sin embargo, mientras que con el reloj de caja larga el paso del escape de paleta al de áncora fue casi instantáneo, con el de linterna el proceso fue mucho más gradual y tardó entre treinta y cuarenta años en completarse. Esto se debía en parte a que los relojes de linterna eran relativamente sencillos y baratos: con una sola manecilla para marcar las horas, no se esperaba de ellos una gran precisión cronométrica.

Alrededor de 1720, el apogeo de los relojes de linterna había pasado y fueron casi totalmente sustituidos por los de caja larga, especialmente por el modelo de treinta horas. Con todo, la producción de relojes de linterna nunca cesó completamente a lo largo del siglo XVIII.

RELOJES DE PARED FRANCESES Y SUIZOS

Durante los siglos XVIII y XIX, los franceses fabricaron dos tipos de reloj de pared, ambos conocidos como "reloj de cartel". Sin embargo, este término se reserva actualmente para los relojes de pared decorativos, en tanto que el segundo tipo se conoce como "relojes bracket sobre ménsula", dado que las dos partes que lo componen son totalmente independientes. En Francia se han empleado muchos términos para describir la ménsula sobre la que descansan estos relojes: *soubassement, console, support* y *cul de lampe*. La palabra *socle* también se usa a veces, pero es mejor reservarla para describir el plinto sobre el que descansa el reloj.

RELOJES DE CARTEL

Los relojes de cartel, que casi siempre están hechos de bronce dorado al fuego, cincelados y decorados, empezaron a fabricarse a principios del siglo XVIII, y los primeros modelos tenían maquinarias dotadas de platos rectangulares, suspensiones de seda, escape de paleta y esferas delicadamente esmaltadas. Era frecuente que aparecieran firmados en la esfera o en la platina posterior.

Estos relojes siguieron produciéndose aunque fueron variando gradualmente hasta comienzos del siglo siguiente, cuando las maquinarias francesas realizadas en serie –que todavía eran de una gran calidad– empezaron a predominar. Estos modelos en serie eran más pequeños que sus predecesores, tenían platinas circulares, escape de áncora y en lugar de suspensión por hilo de seda estaban dotados de rueda contadora o sonería de rastrillo.

En general, los relojes se fueron haciendo más pequeños, y mantuvieron su popularidad a lo largo del siglo XIX –aún se fabricaban cuando estalló la Primera Guerra Mundial–. Sin embargo, su número nunca excedió al de los relojes de sobremesa.

Izquierda: Reloj de linterna, obra de George Thatcher, Cranbrook, siglo XVIII. Alrededor del 1700, la mayoría de los relojes de linterna utilizaban el escape de áncora, junto con el péndulo largo. Muchos de ellos estaban fijos a la pared por medio de un aro sujeto a la patina posterior de la maquinaria, y unos vástagos o puntas que salían de sus pies posteriores en forma de bola. En otros, como el de la fotografía, se usaba una sencilla ménsula de roble para sostener toda la pieza.

Arriba: Reloj de linterna con mecanismo de pesas transformado en reloj de muelle, Barnard Dammant.

RELOJES DE SOBREMESA FRANCESES

En la segunda mital del siglo XVII y primera parte del XVIII, el arte de la relojería estuvo orientado de manera diferente a como ocurría en Inglaterra. A excepción de los modelos fabricados durante la primera parte de este período, los relojes franceses fueron mucho más ornamentales, aspecto que se convirtió en un factor dominante. Y mientras que en Inglaterra la producción de relojes sólo precisaba de dos artesanos, el relojero y el ebanista, en Francia participaban más personas en el proceso: solía haber un escultor, un vaciador, un grabador, un dorador, un esmaltador y un porcelanista. Las mejores piezas francesas de aquel período han sido consideradas como verdaderas obras de arte, y en el diseño de sus modelos colaboraban reputados artistas que realizaban, por ejemplo, las molduras que luego se aplicaban a las cajas o incluso las cajas completas. Esto no es sorprendente si pensamos que en Francia se produjeron algunos de los bronces mejores del mundo, la mayor parte de cuyos temas estaban tomados de la mitología.

La decoración aplicada a las cajas de los relojes era muy variada: el carey se empleó

Izquierda: Reloj de cartel de bronce dorado realizado por Martinet, comienzos del siglo XVIII. Esta pieza francesa de bronce posee una esfera convexa esmaltada, escape de paletas y repetición de cuartos con dos campanas. En la esfera aparece la firma "London", ya que parte de la familia Martinet procedía de Inglaterra, de donde habían emigrado a comienzos del siglo XVIII. De todas maneras, el reloj estaba completamente fabricado en Francia.

Debajo: Reloj de sobremesa, finales del siglo XVIII. En este magnífico modelo de bronce dorado al fuego se representa la figura de astronomía que lee un libro y tiene a sus pies un segundo volumen. Cupido se sienta junto al globo y varios instrumentos de medición astronómica.

con frecuencia, bien solo o combinado con incrustaciones de latón, técnica conocida como *boulle*, en honor de su inventor. También se montaba plata sobre carey, y el hueso se usaba a veces para el trabajo de chapado, especialmente con tonalidades verdosas.

Desde principios del siglo XVIII se fabricaron magníficos ejemplos de relojes de porcelana: las cajas solían importarse de las famosas fábricas de Meissen y Dresde, y muchas de ellas estaban adornadas con delicadas figuras de jovencitas o temas florales. También eran comunes los modelos de bronce con animales: leones, elefantes y caballos, o la figura de Cronos llevando el reloj debajo del brazo.

RELOJ BRACKET SOBRE MÉNSULA

Estos relojes empezaron a fabricarse alrededor de comienzos del XVIII, y solían ser de gran tamaño (a veces más de 150 cm de altura). El reloj y la ménsula eran independientes, pero estaban concebidos para formar un conjunto, y solían aparecer profusamente decorados. El péndulo acostumbraba a mostrarse, y el fondo de la esfera estaba decorado y sobre ella destacaban los números, realizados con esmalte.

La decoración que con mayor frecuencia se aplicaba a la caja era la marquetería conocida como *boulle*, es decir, un delicado dibujo de latón incrustado en un fondo de carey. El carey también podía usarse solo, generalmente con manchas marrones o verdosas, y a veces con monturas de bronce o latón dorados (ormolu), o con decoración a base de laca.

RELOJES DE PARED HOLANDESES

Mientras que los relojes de caja larga dominaron en Inglaterra desde mediados del siglo XVII, en los Países Bajos el modelo más popular fue el sencillo reloj rectangular de pared suspendido de dos aros. Se conocían habitualmente como "relojes de La Haya" y los primeros no eran más que cronómetros desprovistos de cualquier mecanismo de sonería. Debido probablemente a que Christiaan Huygens, inventor del péndulo, había visitado París con frecuencia, los relojes de La Haya aparecieron en la capital francesa casi al mismo tiempo que en los Países Bajos.

A medida que avanzaba el siglo, estos relojes se fueron cargando de ornamentación. Ya tuvieran sistema de pesas o de muelle, su mecanismo era de uno u ocho días de duración, con sonería y alarma. La suspensión para el mecanismo del péndulo era de seda, y la esfera solía ser un disco de hierro fundido, forrado de terciopelo, a la que se añadía un anillo de plata o plateado con la numeración, bien sencillo o decorado con grecas.

Arriba: Reloj musical fabricado por Jacquet Droz hacia 1770. Delicada pieza decorada al estilo boulle *con la ménsula a juego. Está firmado por Pierre Jacquet Droz, el relojero suizo más eminente, que trabajó en La Chaux de Fonds y se especializó en relojes musicales, incluyendo aquellos modelos que incorporaban pequeños pájaros cantores.*

EL *STOELKLOK*

Es básicamente un reloj que descansa sobre una ménsula de pared, y puede ser sencillo en su diseño, como los primeros modelos semejantes a los relojes de linterna, o extraordinariamente complejo, como la mayoría de los fabricados durante el siglo XIX. El *stoelklok* y el *staartlokl* fueron los modelos predominantes en los Países Bajos durante los siglos XVII y XVIII. En Inglaterra, por el contrario, la producción de este tipo de relojes fue muy pequeña comparada con la de los de caja larga.

Los primeros *stoelkloks* fabricados (ejemplares hoy muy difíciles de conseguir) empleaban un sistema de volante y escape de paleta, pero la mayor parte de ellos usaron también el péndulo. Estos primeros modelos estaban provistos de un anillo numeral en relieve sobre un fondo sin decoración, pero no tardó mucho en aparecer la esfera decorada con escenas pintadas.

Aunque los primeros relojes *stoelklok* se fabricaron en Amsterdam o sus alrededores, su producción se extendió rápidamente a gran parte

del país y fueron aparecieron pequeñas variantes estilísticas locales. En los últimos modelos, se añadía decoración de hierro o plomo, a veces en forma de querubines, figuras femeninas, zoomorfos, mientras que los lados de las ménsulas se adornaban con figuras de madera pintadas que representaban sirenas.

El *Staartklok*

Es en realidad un reloj de pared con cabezal, y es probable que el modelo evolucionara a partir de los relojes anteriores fabricados en Inglaterra o los Países Bajos. El rasgo más característico del *staartklok*, sin embargo, es la extensión de la ménsula que se prolonga muy por debajo del reloj, proporcionando en

Izquierda: Stoelklok, *hacia 1740. Esta pieza pudo haber sido fabricada en Frisia, en el norte del país, hacia el año 1740. En los laterales de la caja aparecen las denominadas "orejas", y las grecas decorativas están hechas de plomo. La esfera y la ménsula sobre la que descansa el reloj están pintadas.*

Debajo: Stoelklok, *hacia 1800. Obsérvese la delicada naturaleza ornamental de todo el mecanismo, con los pilares verticales y horizontales artísticamente dispuestos y el escape de paleta. Se trata de una pieza de treinta horas de duración con dispositivo de alarma.*

Arriba: Detalle de un stoelklok, *alrededor del 1800. Los tradicionales* stoelkloks *holandeses tienen sirenas a cada lado y querubines alrededor de las esferas.*

Derecha: Stasrtklok, *hacia 1840. Este modelo de* Staartklok *se fabricaba en Frisia durante la primera mitad del siglo XIX. Obsérvense los remates de la parte superior, con las figuras de los trompeteros a cada lado y Atlas en el centro.*

realidad una caja que protege el péndulo. Como ocurriera con los relojes de caja larga, la caja de este modelo presenta una puerta frontal de cristal, a menudo decorada con grecas o latón dorado.

Los primeros *staartkloks* tendían a ser bastante sencillos, y las esferas se parecían a las de los relojes de caja larga de la época. Pero los modelos posteriores aparecieron con esferas pintadas. Solían ser de treinta horas de duración y empleaban pesas interiores perfectamente visibles. La mayoría de ellos eran bastante grandes, y provistos de péndulo segundero. En ocasiones, también se fabricaban modelos más pequeños. El acabado de las cajas podía variar sensiblemente: a veces eran de roble sin decoración alguna; otras estaban pintadas, talladas o decoradas con marquetería. Y, como sucedía con el *stoelklok*, existieron numerosas variantes locales.

RELOJES DE PARED CON CABEZAL

El *staartklok* era en realidad un reloj de pared con cabezal. En Inglaterra, este tipo de relojes ofrecía una atractiva alternativa a los de linterna, pero se fabricaron en número muy limitado entre finales del XVII y del XVIII. Los primeros ejemplares tenían mecanismos de treinta horas, con una sencilla esfera de latón de una sola manecilla y una longitud entre los 13 y los 25 cm. En realidad, estos relojes descansaban sobre ménsulas y estaban protegidos por una cubierta extraíble. En los relojes de Londres el cabezal podía estar decorado con chapado de caoba o nogal, pero en los modelos de provincias solía preferirse el roble macizo.

Según avanzaba el siglo, fue apareciendo la esfera con arco y las manecillas del minutero y hasta del segundero. Hacia 1780, se empezó a utilizar la esfera pintada, pero al llegar a 1800, la producción de este tipo de relojes con cabezal casi había desaparecido.

EL RELOJ DE TABERNA O LEY DEL PARLAMENTO

Durante el reinado de Jorge II (1727-1760), existía en el país un magnífico sistema de comunicación con diligencias extendido por gran parte del país, que unía las principales ciudades y hacía frecuentes paradas para cambiar de caballos y recoger pasajeros en las posadas. A pesar del tiempo, las condiciones de las carreteras y el siempre presente temor a los salteadores (era la época de los famosos bandidos como el infame Dick Turpin), las diligencias llegaban a su destino con sorprendente puntualidad. Por tanto, era necesario que en las posadas hubiera relojes que mostraran la hora con precisión: así nacieron los relojes de taberna o posada.

Arriba: Reloj de Ley del Parlamento, realizado por Thomas Bentley, Darlington, hacia 1780. Aunque en la mayoría de las tabernas los relojes tenían esferas circulares y tronco recto, también existían otros modelos, como el de forma de escudo o, como en la imagen, el de lágrima.

Izquierda: Reloj de pared con cabezal, obra de John Ellicott, hacia 1770. A mediados del siglo XVIII, el reloj de linterna empezaba a estar pasado de moda y daba paso a otros modelos más decorativos, uno de los cuales fue el de pared con cabezal.

Los términos "taberna" o "Ley del Parlamento" son usados indistintamente para referirse a los grandes relojes de pared con sistema de pesas, alojados por lo general en cajas negras lacadas. Este uso del término es, en cambio, erróneo, ya que los relojes de taberna se fabricaron desde 1730 ó 1735 en adelante, mientras que la ley parlamentaria que dio el nombre al segundo modelo no se introdujo hasta el año 1797. Esta ley gravaba cada reloj con un impuesto de 5 chelines; 10 chelines si era de oro, y dos chelines y seis peniques para los de plata u otro metal.

No es sorprendente que mucha gente escondiera sus relojes para evitar tener que pagar el impuesto, pero también es cierto que esta ley dio lugar a que cada vez se fabricara un mayor número de relojes públicos, a menudo colocados en las paredes de las tabernas. Esto ayuda a explicar que ambos términos, "taberna" y "Ley del Parlamento", llegaran a utilizarse como sinónimos. La ley provocó un efecto tan devastador en las ventas de relojes y relojes de bolsillo que los fabricantes solicitaron al gobierno que en el plazo de una año la ley fuera derogada.

Los primeros relojes de taberna solían tener una esfera cuadrada con un arco estrecho en la parte superior, siguiendo la curva del anillo numeral. Debajo de la esfera se disponía el tronco, que alojaba el péndulo y la pesa. La esfera cuadrada iría evolucionando hacia otra en forma de escudo, y también se usaron esferas octogonales. Las circulares, bien en blanco o en negro, aparecieron en estos relojes hacia el año 1760. Alrededor de 1780 ó 1790, el uso de la caja lacada había dado paso a la madera de caoba y en el plazo de dos décadas la producción de aquellas primeras cajas había cesado por completo.

LOS RELOJES DE ESFERA

Los relojes ingleses de cartel, como sus hermanos franceses, pero dotados de cajas de madera dorada en lugar de latón dorado al fuego, empezaron a aparecer hacia 1730, y continuaron fabricándose durante otros cincuenta años, aunque en número cada vez menor.

En su elaboración, estos relojes y los de esfera circular negra empleaban el sistema de muelle y el escape de paleta. En realidad, esta forma de escape continuó utilizándose en todos los relojes de pared con mecanismo de muelle hasta finales del siglo XVIII.

Algún tiempo después de la aparición del reloj de esfera negra, se pusieron de moda los de esfera blanca con el fondo de madera, pero a partir de la década de 1760 empezaron a ser reemplazados por las esferas de latón plateado y grabado, muy utilizadas hasta comienzos del XIX. Desde 1780 en adelante, también se fabricaron esferas convexas y pintadas.

Alrededor del 1800, la decorativa caja de caoba se hizo muy popular, y solía emplearse con un tronco recto en cuya parte inferior se practicaba un chaflán de 45 grados o, posteriormente, una curva que retrocedía en dirección a la pared sobre la que se apoyaba el reloj. Según avanzaba el período de Regencia, se fueron añadiendo adornos con incrustaciones de latón, y hacia 1830 empezaron a utilizarse las puertas acristaladas en la parte delantera del tronco a través de las que podía verse oscilar la lenteja del péndulo. A mediados de siglo, la esfera convexa volvió a hacerse plana.

Durante todo el siglo XIX, y bien entrado el XX, se fabricaron gran número de relojes de pared con esferas circulares sencillas y pintadas, y mecanismo de muelle de caracol; estas piezas se usaban en todo el país en lugares públicos como colegios, estaciones de ferrocarril, oficinas y también en los domicilios particulares. Además, gran cantidad de ellos fueron exportados a otros países.

El regulador Viena: relojes de pared austríacos y alemanes

El término "regulador Viena" es bastante confuso, ya que estos relojes con péndulo de lenteja de latón visible, y generalmente provis-

Izquierda: Reloj de taberna realizado por J. Ireland, Londres, finales del siglo XVIII. En la parte inferior del tronco aparecen las palabras que traducidas significan "Bebe o márchate", mensaje obviamente destinado a estimular el negocio.

BATH

Izquierda: Relojes de pared con caja de caoba. hacia finales del siglo XVIII; la decoración lacada dejó de estar de moda en los relojes de grandes cajas. En su lugar, empezó a usarse la madera de caoba.

Arriba: Reloj de pared con esfera plateada, finales del siglo XVIII. Directo descendiente del reloj de cartel, el reloj de pared inglés, con esfera de latón plateada y grabada, hizo su aparición hacia el año 1770. Casi siempre estos relojes sencillos carecían de mecanismo de sonería, aunque muchos de ellos compensaban esa carencia con magníficas decoraciones a base de grabados y firmas artísticamente ejecutadas.

Arriba: Reloj de pared con sonería de muelle realizado por Thomas Hawkins, Londres, hacia 1800. A la vuelta del siglo XIX, empezaron a fabricarse algunos magníficos ejemplares de relojes de caoba. Estaban provistos de un tronco debajo de la esfera y una base llamada de "cincel", por la forma en pendiente cuyo ángulo acababa en la pared sobre la que se colocaba el reloj.

tos de pesas alojadas en el interior de una caja acristalada, en realidad no estaban siempre fabricados en Viena. Para entenderlo debemos recordar que desde 1529 a 1918 Austria formaba parte del imperio austro-húngaro, y por tal razón los relojes fabricados en Austria, Hungría y la antigua Checoslovaquia, por ejemplo, tenían características similares. Pero Viena, la más importante de las cortes imperiales, ejercía una poderosa influencia en todos los campos del arte y la cultura, incluida, claro está, la fabricación de relojes.

Durante el último período del siglo XVII y gran parte del XVIII, la relojería inglesa tuvo gran influencia en la austríaca, que copiaba sus diseños e importaba sus mecanismos –y

Arriba: Regulador Viena laterndluhr *de ocho días, obra de G. J. Bauer, hacia 1830. El* laterndluhr *fue prácticamente el primer modelo de caja que apareció en Viena. Medía aproximadamente 1,5 m de altura, e incorporaba un péndulo segundero. Existieron versiones algo más pequeñas, e incluso miniaturas de 51 cm.*

Derecha: Reguladores Viena, 1825-1850.

1) Caja tipo dachluhr *(es decir, rematada en un tejado), llamada de "seis luces" por las seis partes acristaladas de que está formada: dos a cada lado, separadas por una moldura dorada.*

2) Regulador Viena de ocho días con caja de madera de cerezo, también de "seis luces" y con una moldura semejante a la decoración de los bordes de una tarta rodeando la esfera.

3) Un raro ejemplo de reloj de pared con caja de caoba y duración de tres meses, con gran sonería de gongs y péndulo con barra de madera.

en ocasiones, los relojes enteros–. Sin embargo, a partir de 1780, los austríacos decidieron mejorar su producción de relojería, para lo cual invitaron a 50 artesanos suizos a trabajar en su país, número que posteriormente se aumentó a 150. Muchos de ellos eran especialistas en una parte determinada del proceso, por ejemplo, en la elaboración de la esfera, las molduras, las ruedas o los piñones. No cabe duda de que las técnicas que enseñaron a sus colegas austríacos constituyeron la base de los magníficos relojes austro-húngaros de la primera mitad del siglo XIX.

La segunda gran influencia que recibió la escuela austríaca de relojería fue la de los franceses, cuyo papel como árbitros del gusto europeo de la época se vio reforzado por el matrimonio de Napoleón con María Luisa, de la casa de Habsburgo en 1804. Esta unión dio lugar a un interés por las proporciones del arte clásico y la arquitectura, así como por el regulador Viena, perfecto ejemplo del gusto clásico. Sin embargo, existía una gran diferencia entre los modelos franceses y los austro-húngaros, ya que estos últimos eran más recatados y su construcción más delicada que la de los franceses. Sin duda, esto hizo que los productos austro-húngaros fueran más baratos aunque, a ojos de algunos, también resultaban más pobres.

Izquierda: Relojes de esfera de dos piezas, mediados del siglo XIX. El reloj de esfera de dos piezas, con centro deprimido, se puso de moda en la década de 1840.

1) Reloj con mecanismo de dos días de duración realizado en madera de caoba, hacia 1845.

2) Reloj de tres meses de duración fabricado en nogal, con péndulo segundero; está firmado por Schonberger, hacia 1855.

3) Reloj de ocho días chapado con palo de rosa. Obsérvese que todas las láminas del chapado están dispuestas verticalmente.

El período que va de 1800 a 1860 se considera como la edad dorada de la relojería austríaca, ya que fue durante estos años cuando se mostró más claramente el genio excepcional de los relojeros locales. Se fabricaban modelos de varios tipos de péndulos compensados, complejos mecanismos calendarios y casi siempre de larga duración –era posible conseguir hasta de más de un año–. En todo este tiempo, el número de relojeros siguió aumentando, y sólo con la aparición de los relojes fabricados en serie comenzó el declive de la industria relojera austríaca; el aspecto de estos últimos modelos era semejante al de los relojes fabricados en Alemania a partir de 1870 por firmas como Gustav Becker, Junghans y Lenzkirch.

Aunque estos relojes eran, en general, de buena calidad, no podían compararse con los fabricados durante el período Biedermeier de Viena. En los relojes alemanes, es mínimo el acabado a mano: las agujas se hacían con máquina y las molduras de la esfera presentaban formas simples hechas de latón torneado en lugar de fundido.

Según se acercaba el final de siglo, las cajas se fueron haciendo mucho más pesadas, a causa de la excesiva ornamentación. En este momento hicieron su aparición los relojes con mecanismo de muelle, a veces más pequeños

Izquierda: Relojes de pared austro-húngaros, siglo XIX.

1) *Sencillo reloj estilo Viena con mecanismo de ocho días.*

2) *Reloj de pared con caja estilo Viena chapada en palo de rosa, con gran sonería y mecanismo de ocho días.*

3) *Tanto vieneses como alemanes fabricaron algunos relojes de caja larga. En la fotografía aparece uno alemán, con la caja de madera de nogal magníficamente realizada y cajón con llave en la parte inferior; entre 1880-1890.*

de lo normal. No hay duda de que esto se debió en parte a la necesidad de reducir los costes de producción, factor importante en este momento debido a la creciente competencia de los relojes americanos.

RELOJES DE SOBREMESA Y DE PARED AMERICANOS

Después de la Guerra de Independencia americana, se produjo una escasez de materiales y una creciente demanda de relojes más baratos y pequeños que los de caja larga. Varios relojeros, ayudados por la experiencia y el capital de otros que habían emigrado a América desde Inglaterra, los Países Bajos o Alemania, diseñaron métodos para satisfacer esta demanda, creando maquinarias que pudieran ser producidas fácilmente con técnicas de fabricación en serie, opuestas a la elaboración tradicional artesanal. Probablemente el más famoso de estos nuevos relojeros fuera Eli Terry (1772-1853), que en 1810 realizó el famoso pedido Porter de más de 4.000 unidades de maquinarias completas al precio de cuatro dólares la unidad, y que tardó en completar tres años.

Otros relojeros que participaron en los primeros días de la producción en serie fueron Seth Thomas, Chauncey Jerome y Simon Willard, el padre del famoso reloj "banjo", llamado así por su parecido con ese instrumento musical. Han sobrevivido más relojes de Joshua Wilder (1786-1860) que de ningún otro relojero de aquella época.

Los primeros modelos solían tener mecanismo de pesas, pero en 1840 aparecieron las sonerías de muelle, y a partir de ese momento los distintos estilos evolucionaron por separado. El grupo mejor conocido es el que podríamos bautizar como relojes de sobremesa; otros relojes son los de faro de Simon Willard, el reloj de lira (una variante más ornamentada que el de banjo), el reloj de bellota (en el que la esfera se encuentra alojada en

Izquierda: Regulador de pared alemán con péndulo segundero, finales del siglo XIX. Este reloj de finales del XIX, con caja de gran longitud realizada en madera de nogal, presenta un péndulo de barra de madera y una manecilla central para el segundero.

Arriba: Relojes de pared Selva Negra. Este trío de relojes fue realizado en la Selva Negra alemana durante la primera mitad del siglo XIX.

Arriba: Reloj de sobremesa con tres pisos, obra de Dyer, Wadsworth and Company, Augusta, Georgia, hacia 1835.

una caja en forma de bellota), el de pilar y voluta, y el de aguja y de aguja sobre aguja. También se realizaron durante este siglo un buen número de relojes de fantasía.

Uno de los más interesantes fabricados en aquella época es el llamado reloj de "muelle de vagón": este término hace referencia a la forma en que funciona el reloj, dotado de un gran muelle plano en la base del reloj flexionado en ambos lados para darle su fuerza motriz, y cuyo aspecto recuerda al de la ballesta de amortiguación de un vagón. Su invención tuvo lugar porque en aquel momento en los Estados Unidos aún no se fabricaba el muelle de espiral.

Otro reloj fascinante, diseñado originariamente en los Estados Unidos pero que pronto alcanzó popularidad en todo el mundo, es el de torsión, inventado por Aaron Crane. Su escape se activaba por el lento enroscado y desenroscado de una lámina de acero. Este sistema necesita de un mínimo esfuerzo, lo que permite fabricar relojes de más de un año de duración. Su invención en América dio lugar en Europa a la producción de los relojes de 400 días, o de "aniversario".

Arriba: Reloj de pared publicitario, realizado por Gilbert Clock Company, Winstead, Connecticut, hacia 1920.

RELOJES DE CARRUAJE Y DE ESQUELETO, DE MISTERIO Y FANTASÍA

Tras la invención hacia el año 1500 del muelle de espiral como dispositivo de marcha de los relojes, el reloj de viaje se convirtió en una propuesta mucho más atractiva. Aunque se habían inventado relojes portátiles con mecanismos de pesas, éstos eran muy difíciles de utilizar, y se precisaba una caja especial para mantener juntos el mecanismo y las pesas. Cada vez que se trasladaba el reloj, tenía que guardarse en su estuche y volverlo a colocar en su nueva ubicación, colgándolo de una pared y volviendo a colocar las pesas. Los nuevos mecanismos de muelle solucionaron todos estos problemas.

El reloj más fácil de transportar es, obviamente, el de bolsillo, pero se trata de un reloj de uso personal que no puede servir como reloj de casa. Es probable que los primeros relojes de viaje fueran los del sur de Alemania, como los de sobremesa rectangulares o hexagonales provistos de una caja especial para viajes. Otros similares fueron fabricados en Italia y Francia.

RELOJES DE CARRUAJE FRANCESES

Otro tipo de reloj de viaje era el llamado reloj de "diligencia", en realidad muy semejante a un reloj de bolsillo de enorme tamaño. En Inglaterra también se realizaban por entonces relojes de ménsula con estuches de viaje. Fue en Francia, sin embargo, donde tuvo lugar el mayor desarrollo de este tipo de relojes.

Además del llamado *pendule de voyage*, se desarrollaron dos estilos muy diferenciados: uno era el *pendule d'officier*, el otro recibió el nombre de *Capucine*. Ninguno de ellos duró mucho tiempo y fueron finalmente dejados de lado cuando apareció el reloj de carruaje.

Los primeros relojes de carruaje fueron fabricados por Abraham-Louis Breguet, pero en número muy pequeño. Además, eran muy

Página anterior: Reloj suizo pendule d'officier, *fabricado por Robert & Courvoisier, Ginebra, hacia 1790.*

Izquierda: Reloj de carruaje francés del tipo Breguet, N.º 5017, vendido en 1853.

caros y complejos. Aunque el diseño básico de estos modelos había sido concebido en vida de Breguet, siguieron evolucionando y fabricándose mucho después de su muerte. En realidad, gran parte de los ejemplares realizados en la última parte del siglo XIX y comienzos del XX fueron piezas compradas a las que Breguet simplemente añadía su nombre y después vendía.

El primero en fabricar relojes de carruaje

Arriba: Reloj de carruaje francés de múltiples piezas realizado hacia el año 1835. Se trata de un ejemplo relativamente temprano de reloj de carruaje francés, como mecanismo de doble tren, y sonería y repetición de gong.

Izquierda: Reloj de carruaje francés tipo Garnier, N.º 3697, de 1845. Está delicadamente grabado y constituye un magnífico ejemplo del trabajo de Paul Garnier, aunque algo tardío.

Arriba: Tipos de caja. Existía una gran variedad en cuanto al estilo de caja de los relojes, incluyendo el de cornisa (hilera superior, izquierda y centro), el acanalado (hilera inferior, izquierda) y el de cimacio (hilera superior, derecha), que evolucionaron durante la segunda mitad del siglo XIX.

Derecha: Tamaños de las cajas. En la fotografía se muestra la extraordinaria variedad de los tamaños de las cajas, desde el inglés gigante (de 27 cm) hasta el reloj de carruaje suizo en miniatura, con paneles esmaltados.

en serie fue Paul Garnier (1801-1869), que a menudo empleaba su propio sistema de escape, el *chaffcutter*. A finales de la década de 1830, al trabajo de Garnier se habían unido otros relojeros: Bolviller, Auguste, Jules, Berolla y Lepine, y a finales de la década de 1850 la producción de relojes de carruaje estaba en pleno apogeo, con todos los beneficios que se podían obtener de la producción en serie.

Se desarrollaron muchos estilos diferentes de cajas, la mayor parte de ellos durante la segunda mital del siglo XIX, aparte de un extraordinario número de tamaños. Además del reloj gigante, de 27 cm de alto, existía toda una gama que oscilaba entre los 11,4 cm y los 16,5 cm de altura; también miniaturas de 6,2 cm y otros aún más pequeños de 3,7 cm de altura, sin contar el asa superior.

A medida que avanzaba el siglo, el mercado se fue expandiendo y entre los relojeros más famosos figuran Drocourt, Couaillet, Dumas, Duverdrey & Bloquel, Jacot, Japy Freres, Lamaille, Henry Marc, Margaine, Maurice, Pons, Richard & Cie y Soldano. Es difícil, sin embargo, saber hasta qué punto los relojes que se les atribuyen eran obra suya, ya que la mayoría están sin firmar: los minoristas preferían grabar en las esferas su propio nombre.

Con el fin de hacer los relojes de carruaje más atractivos, se introdujeron varios tipos de decoración. La más común era el grabado, que variaba tanto en la cantidad como en la calidad. Otros métodos ornamentales incluían paneles de cristal y esferas blancas con paneles decorativos de porcelana, frecuentemente con escenas románticas. Otra forma muy popular de decoración era el esmalte *champlevé*, en el que se rellenan los huecos del fondo metálico con pasta de esmalte. Los paneles de esmalte, casi siempre de Limoges, también fueron muy utilizados, así como los decorados a base de oro y plata multicolor.

La producción de relojes de carruaje continuó a un nivel relativamente alto hasta la Primera Guerra Mundial en 1914, y aunque la producción volvió a ponerse en marcha hacia 1918, se fabricaron muchos menos relojes que antes, y la cifra continuó disminuyendo hasta 1939. Sin embargo, los relojes de carruaje continúan fabricándose hoy en día y quizá se fabriquen más que hace 40 años. Varias casas se encargan de producir este tipo de relojes, algunas de ellas en Inglaterra; la de L'Epee, en Sainte-Suzanne, que fabricaba relojes de carruaje hace cien años, sigue haciéndolo hoy en la actualidad.

Los relojes de carruaje ingleses

Aunque los relojes de carruaje empezaron a fabricarse en Inglaterra casi al mismo tiempo

Arriba y arriba derecha: Reloj de carruaje inglés grabado, hacia 1850. Se trata de una pieza magistralmente cincelada y grabada, con columnas en las cuatro esquinas, paneles grabados con bestias heráldicas y, en la parte posterior, una cesta con flores.

que en Francia, no hubo ningún serio intento de competencia entre las dos escuelas de relojeros. Las piezas fabricadas en Inglaterra solían ser de mayor tamaño, más pesadas y mucho más caras de realizar. Parece que en Inglaterra se adoptó exactamente la tendencia contraria a la francesa: muchos relojes de

Debajo izquierda: Reloj de carruaje francés con caja de mediacaña y paneles de porcelana, obra de Drocourt, 1880. Los paneles de esmalte, todos ellos con el fondo azul y decorados con cuentas de piedras semipreciosas y perlas, muestran escenas campestres, con casas de campo, árboles, flores y un lago.

Debajo derecha: Reloj de carruaje francés con esmalte champlevé, *realizado hacia 1890. Se trata de una forma muy popular de decoración aplicada a las obras de metalistería de ese país durante la segunda mitad del siglo XIX. Los huecos se practican sobre el fondo de latón y después se rellenan con el esmalte, que es horneado por separado a alta temperatura.*

Arriba: Reloj de carruaje austríaco, obra de Michael Gruebmullner, entre 1800 y 1810. Durante el medio siglo que va desde 1800 a 1850, los austríacos fabricaron relojes de carruaje completamente distintos de los modelos franceses. Casi siempre eran de dos días de duración y tenían mecanismo de gran sonería dotado de alarma.

Página opuesta, recuadro derecha: Reloj de esqueleto francés, obra de Verneuil, finales del siglo XVIII. Con los motivos de clara influencia egipcia, no hay duda de que este reloj se inspiraba en las victorias napoleónicas que estaban teniendo lugar durante aquellos años.

Página opuesta, derecha: Reloj de esqueleto francés con lámina de cristal, hacia 1800. El mecanismo de ruedas parece estar suspendido en el aire, sin estructura visible; no hay duda de que el ejemplar es una de las grandes consecuciones del estilo de esqueleto.

carruaje incorporaban todavía caracoles de cadena, y no parecía que los artesanos ingleses reparasen en gastos a la hora de fabricar sus relojes, algunos de los cuales estaban provistos de escape de cronómetro. En sus estuches de viaje, los relojes ingleses utilizaban la madera, mientras que los franceses preferían el empleo de cuero. En Francia había un número relativamente grande de artesanos, en tanto que en Inglaterra la producción de relojes de carruaje estaba en manos de unas pocas casas: McCabe, Frodsham, Dent, Vulliamy, Barwise, Smith y Jump.

Como alternativa viable a los relojes de carruaje franceses, se fabricaron unos cuantos ejemplares de carruaje ingleses con tambor de marcha (sin caracol) y sin sonería. Estos relojes poseían unos laterales macizos y una puerta posterior, y no parece que tuvieran gran aceptación.

LOS RELOJES DE CARRUAJE SUIZOS

Los suizos produjeron un limitado número de relojes de carruaje parecidos a los fabricados en la región del Franco Condado del este de Francia en la primera etapa. Dos de los relojeros más famosos fueron Frederic y Auguste Courvoisier, pero es probable que la mayoría de los relojes de carruaje posteriores que llevan nombres suizos fueran realizados parcial o totalmente en Francia. Con todo, desde 1900 hasta 1930, se creó en Ginebra un atractivo conjunto de relojes suizos de carruaje en miniatura, obra de compañías relojeras tales como Geneva Clock Company. Estas piezas solían estar magníficamente decoradas con esmaltes policromos, y las mejores se vendían a grandes compañías como Cartier y Asprey.

RELOJES DE CARRUAJE AUSTRÍACOS

Los vieneses crearon una atractiva serie de relojes de carruaje/viaje entre los años 1800 y 1850. Solían tener cajas doradas al fuego y torneadas, y mecanismos de dos días de duración. Era común también que estos relojes incorporasen un escape dúplex y toque de cuartos con campanas o, más frecuente, con gongs.

RELOJES DE CARRUAJE AMERICANOS
Algunas casas americanas produjeron relojes de carruajes, generalmente de diseño muy sencillo y a veces imitando los fabricados en Francia. En otros casos, los relojeros americanos diseñaron sus propios estilos diferenciados.

La firma Waterbury Clock Company realizó un buen número de relojes de carruaje, y también lo hiceron Ansonia Clock Company, Chauncey Jerome, Seth Thomas, la Boston Clock Company y la Vermont Clock Company.

RELOJES DE ESQUELETO
El reloj de esqueleto estaba concebido para mostrar la habilidad del maestro relojero. Por tal razón, los relojes de esqueleto carecían de caja y tan sólo estaban provistos de una cúpula protectora de cristal o una estructura de latón acristalada. Era común que la esfera llevara grecas y careciera de centro, y en los relojes ingleses las láminas de la maquinaria también estaban decoradas con grecas.

El diseño de este reloj fue evolucionando paulatinamente en la última mitad del siglo XVIII a partir de los *pendules de cheminée* realizados en Francia. Fue éste un tiempo de gran prosperidad y aparecieron generosos mecenas de las artes y las ciencias –aunque sólo unos pocos se beneficiaran de tales ayudas–. Los grandes mecenas exigían lo mejor de sus artistas, y, por fortuna, tal demanda coincidió con el momento más glorioso de la horología en Francia, con maestros de la genialidad de Janvier, Berthoud, Lepine, los Lepautes, Bailly y Breguet.

LOS RELOJES DE ESQUELETO FRANCESES
Hasta comienzos del siglo XIX, los relojes de esqueleto franceses tendían a ser muy diferentes unos de otros, a veces de una gran complejidad, con dispositivos tan complicados como el *remontoir*, mecanismo encargado de

convertir un reloj de muelle en uno de pesas con ayuda de un muelle principal que enrolla una pequeña pesa a intervalos regulares y cortos. Este ingenio proporcionaba un mayor poder al muelle y mejoró notablemente la cuestión de la precisión.

Otras características adicionales de los relojes de esta época eran las fases lunares, el calendario simple y perpetuo, y una manecilla adicional que ofrecía datos sobre la hora real solar y nuestra hora convencional, además de la "ecuación temporal", o sea, la diferencia entre nuestra hora y la que aparece en la esfera solar.

Después de 1810, aunque siguieron fabricándose fascinantes relojes, también se adoptaron ciertos diseños estándar, aunque todavía en pequeño número. Entre ellos podemos mencionar los relojes con platinas de cristal, probablemente lo último en relojes de esqueleto, con duración de seis meses. También apareció otro dotado de adornos en forma de bocallave, y Verneuil realizó una serie de bellos relojes de esqueleto con calendario, aunque probablemente eran demasiado grandes.

Pero uno de los ejemplos más conocidos de reloj de esqueleto francés es el que se exhibió en el Palacio de Cristal en la Gran Exposición de Londres de 1851, realizada en Hyde Park. Tan sólo medía 25,4 cm de alto y durante mucho tiempo se fabricó un gran número de ellos de diferentes formas.

Los relojes de esqueleto austríacos

La fabricación de relojes de esqueleto en el imperio austro-húngaro se concentró en la ciudad de Viena y comenzó alrededor de 1800. Aunque poderosamente influidos por los mode-

Izquierda: Reloj de esqueleto francés modelo "Gran Exposición", realizado por Victor Pierret a mediados del siglo XIX. Estos relojes se llamaron así porque se expusieron y vendieron en gran número en la Gran Exposición de 1851 celebrada en el Palacio de Cristal.

Arriba: Reloj de esqueleto vienés, entre 1820 y 1830. Este atractivo reloj de esqueleto vienés es de ocho días de duración y tiene una elegante pesa con decoración torneada.

Arriba: Reloj de esqueleto austríaco, mediados del siglo XIX. Este ejemplar, con su estructura de madera decorada con paño de oro y repujada en plata, representa la alegría y el carácter jovial de la sociedad vienesa de mediados de siglo.

los franceses, los relojes austríacos pronto adquirieron un carácter distintivo e individual, y muchos de los ejemplos tempranos eran una prueba de complejidad e ingenio. Unos cuantos, por ejemplo, poseían mecanismo de pesas, pero los modelos posteriores, más estandarizados, funcionaban generalmente con muelle, tenían una duración de dos días y toque de cuartos.

LOS RELOJES DE ESQUELETO INGLESES

La fabricación de relojes de esqueleto comenzó en Inglaterra en torno al año 1820, y los primeros ejemplos delataban un claro influjo francés, con el empleo de la forma de Y invertida. Aunque unos pocos de estos relojes son anteriores a 1835, después de esta fecha la producción aumentó rápidamente, animada, sin duda, por el auge de la Revolución Industrial. Hacia 1850-1860, el número de relojes de esqueleto fabricados en Inglaterra era muy superior al de los realizados en Francia o Austria.

Uno de los primeros ejemplos que pueden considerarse de estilo puramente inglés es el de estructura gótica simple, por lo general no

Derecha: Reloj de esqueleto inglés, hacia 1825. Típico ejemplo de un reloj de esqueleto inglés, este modelo está concebido en forma de Y invertida, diseño muy popular entre los relojeros franceses del momento.

Arriba: Reloj de esqueleto inglés con estructura gótica, hacia 1840. La sencilla estructura gótica siguió de cerca los pasos del reloj en forma de Y invertida, y se utilizó sobre todo entre 1835 y 1850, en que empezó a ser reemplazado por los relojes más arquitectónicos.

Derecha: Grupo de relojes de esqueleto ingleses, mediados del siglo XIX.

Arriba: Reloj de esqueleto inglés inspirado en la catedral de York y atribuido a Smith de Clerkenwell, mediados del siglo XIX. Hacia 1845, empezaron a aparecer los relojes de esqueleto inspirados en edificios famosos. Entre ellos cabe mencionar el de Scott Memorial, la catedral de York, la abadía de Westminster, la catedral de Lichfield y el Brighton Pavilion. El de la fotografía pudo haber sido realizado para ser expuesto en alguna exhibición o presentación especial.

más alta de 28 ó 30 cm, sin otra función que la cronométrica. Después de éstos, siguieron los de estructura de voluta, fabricados primeramente por Edwards de Stourbridge.

A continuación se produjo un rápido desarrollo en cuanto a los tipos de estructura, llegando a realizarse incluso versiones musicales. La variedad formal de los relojes se extendió a las reproducciones de edificios famosos, como la catedral de Lichfield, la de York o el Brighton Pavilion. También aparecieron diseños florales, con fucsias y hojas de hiedra.

La inmensa mayoría de los relojes de esqueleto ingleses son obra de un reducido número de artesanos especializados, como Evans de Handsworth, en Birmingham, o Smith de Clerkenwell, en Londres. Pero hubo otros artistas, aunque en número mucho más pequeño, que si bien aportaron menos cantidad de obras, contribuyeron con ejemplares de gran calidad e ingenio. Entre ellos podemos mencionar los relojes de Pace y James Condliff, que solían usar un volante para marcar los segundos. Pero en 1890, el momento de los relojes de esqueleto había terminado, y veinte años después sólo se fabricaban unos cuantos modelos de estructura muy sencilla.

RELOJES DE MISTERIO, NOVEDAD Y FANTASÍA
Como sus nombres indican, estos relojes fueron diseñados no sólo para dar la hora, sino también para atraer la atención de una u otra forma, dejando perplejo al espectador o captando su interés con figuras móviles (autómatas) que realizaban alguna pequeña interpretación moviéndose con el ritmo del mecanismo o cuando daban las horas.

El primero de estos relojes fue realizado en el sur de Alemania durante el siglo XVII. Se dotaba a los relojes de formas humanas o animales, cuyos ojos se movían al ritmo del péndulo. Otros eran bastante más complejos: podían moverse las manos, las piernas, la cabezas o los cuellos de las figuras, imitando acciones como la de llevar los alimentos a la boca. Uno de los relojes más fascinantes de este tipo es el "Reloj del Carro", que se encuentra en el Time Museum de Illinois, en el que aparece representado el glotón rey Gambrino sentado en un carro. Mientras el carro avanza, el rey Gambrino levanta la jarra que sostiene en la mano derecha y la lleva a su boca, la cual, en ese momento, se abre y cierra como imitando el gesto de beber.

En el siglo XIX, los franceses fabricaron una serie de relojes diseñados a cautivar la imaginación del público con su funcionamiento. Aparentemente, no existe maquinaria detrás de la esfera, ni las manecillas que aparecen montadas sobre la esfera de cristal se dirían concectadas a nigún mecanismo capaz de moverlas; otras veces, la maquinaria, situada en la base del reloj, está separada de la esfera por una columna de cristal, lo que sugiere la sensación de que ambas partes no están conectadas.

Izquierda: Reloj de esqueleto inglés realizado por James Condliff hacia 1840. Este artista fue sin duda uno de los mejores –tal vez el mejor– de los fabricantes de relojes de esqueleto en Inglaterra, y el de la fotografía es un buen ejemplo de su habilidad.

Muchos de estos magníficos relojes fueron creados por el brillante ilusionista Robert Houdin entre 1840 y 1860. También se realizaron autómatas que representaban figuras de equilibristas o malabaristas. En otro reloj fascinante de esta época las horas y los minutos son indicados mediante el movimiento ascendente o descente de los brazos de una joven.

Los relojes en los que unos ojos se abren y cierran, originados en Augsburgo durante

Izquierda y debajo: El reloj del Carro de Gambrino, realizado hacia el 1600. Durante los siglos XVI y XVII, se fabricaron en Augsburgo muchos relojes de gran complejidad, a menudo con autómatas (figuras móviles). El que se muestra en la fotografía es el glotón rey Gambrino de la mitología, asociado con la fabricación de la cerveza. Cuando da la hora o cuando se activa voluntariamente, el reloj avanza por la mesa y, mientras lo hace, el rey levanta y baja después su mano en la que sostiene una jarra de cerveza, abriendo y cerrando la boca al mismo tiempo.

Arriba: Reloj de misterio francés, hacia 1850. Se trata de un fascinante y magníficamente realizado reloj de misterio en el que la esfera parece no estar conectada a la maquinaria.

el siglo XVII, fueron fabricados en una versión más simplificada en el sur de Alemania a mediados del siglo XIX. Las versiones americanas casi siempre estaban hechas de hierro fundido y solían tener la forma de juglares, perros o leones.

En Francia aparecieron entre 1880 y 1910 un buen número de ingeniosos relojes de excelente calidad, la mayoría asociados a la Revolución Industrial. Mostraban, por ejemplo, un martillo pilón de vapor, un motor de balancín o un faro girando.

Derecha: Reloj de guiño de ojos, obra de Bradley & Hubbard Manufacturing Co., Connecticut, alrededor de 1860.

Debajo izquierda: Reloj de misterio francés, 1865. Debajo, derecha: Reloj de misterio con esfera de cristal, obra de Robert Houdin, hacia 1845.